Kleiner Stadtführer Hameln

Bibliografische Information Der Deutschen Bibliothek
Die Deutsche Bibliothek verzeichnet diese Publikation in der Deutschen Nationalbibliografie; detaillierte bibliografische Daten sind im Internet über http\\dnb.ddb.de abrufbar

1. Auflage 2003
Druck: rgg Print Medien GmbH, Braunschweig

ISBN 3-8271-9036-3

Winfried Mende

Kleiner Stadtführer Hameln

Ein Rundgang durch die Altstadt

CW Niemeyer, Hameln

Die Geschichte der Stadt

Lage

Hameln liegt in einer Talaue der Weser, die von einem Kranz mäßig hoher Berge und Hügel eingefasst ist. In diesem Talrund hat sich im Schutze des massigen Klütberges die Siedlung Hameln gebildet. Die Siedlungsanfänge reichen bis in die Eiszeit zurück. Man vermutet, dass die Höhen und Hänge links und rechts der Weser von umherziehenden Horden bevölkert waren. Erste, feste Kunde von bäuerlichen Ansiedlungen geben Funde von Geräten aus der Mittleren Steinzeit, wie sie am Nordhang des Ohrberges, auf dem Rücken des Basberges und an anderen Hängen des Tales gemacht wurden.

Vorgeschichtliche Zeit

Manche dieser Wohnstätten werden in stetiger Entwicklung in Siedlungen der Jüngeren Steinzeit und der germanischen Metallzeiten übergegangen sein, wie z. B. die noch heute in dem Namen des Forsthauses „Wehl" fortlebende, im Mittelalter „Wedele" genannte Siedlung. Bei der Anlage des Waldfriedhofes Wehl konnten außer einem Urnenfriedhof auch Siedlungsspuren der Cherusker entdeckt werden. Auch am Fuße des Bückeberges wurde ein bronzezeitliches Gräberfeld entdeckt.

Urdorf Hamala

Die Lage des Urdorfes, aus der letztendlich die Stadt Hameln hervorgegangen ist, lässt sich heute nicht mehr mit Sicherheit bestimmen.

Name

Der Name des Ortes könnte mit der südlich der Stadt mündenden Hamel zusammenhängen. Nach der heutigen Deutung steckt im Namen von Hameln das althochdeutsche Wort „Hamma", was so viel bedeutet wie „Winkel, winkelförmiges Terrain an Flüssen bzw. Bucht". Wenn man sich Hameln auf der Landkarte betrachtet, erscheint diese Deutung sinnvoll.

Am Ende des 8. Jahrhunderts wurden die das Land beherrschenden Sachsen durch Karl den Großen unterworfen und christianisiert. In dieser Zeit gründete die Fuldaer Benediktiner-Abtei, der Graf Bernhard 826 testamentarisch seine Güter vermacht hatte, auf einem hochwasserfreien Platz dicht am Weserufer ein Nebenkloster. Die Sage, dass es im Jahre 712 durch Bonifatius selbst gestiftet worden sei,

Die wahrscheinliche Entwicklung der Stadt:
1. Dorf Hameln, 2. Stiftssiedlung, 3. Marktsiedlung,
4. Planmäßige Stadt um Marktkirche und Rathaus.

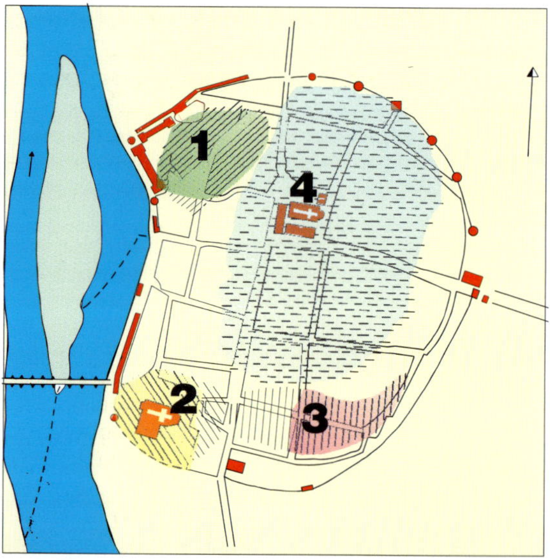

kann nicht aufrecht erhalten werden. Das erste Kloster ging aus der Eigenkirche Graf Bernhards hervor und lag etwa dort, wo sich heute das Münster erhebt. Hier war auch der bequemste Übergang über den Fluss, der durch drei Inseln in mehrere schmale Arme geteilt wurde. Durch Stiftungen sächsischer Edelleute wurde das Kloster bald Grundherr des gesamten Tales und weit darüber hinaus. Im 10. Jahrhundert in ein Chorherrenstift umgewandelt, wurde die geistliche Siedlung mit reichen Hoheitsrechten ausgestattet. Auch Handel und Verkehr wurden anfangs zweifellos vom Stift gelenkt und beherrscht. Am Stromübergang, über den sich später

Klostergründung

Schon das älteste Hamelner Siegel aus dem 12. Jahrhundert weist auf die Bedeutung Hamelns als Mühlenstadt hin.

die erste Holzbrücke spannte, wird der erste Markt gelegen haben, auf dem die Bauern und Handwerker des Landes ihre Erzeugnisse feilboten und gegen Erzeugnisse der Marktsiedlung eintauschten. Alles spricht dafür, dass in Hameln schon früh ein Stapel- und Rastplatz, ein „Wik“, von Fernkaufleuten angelegt und der Ort um 900 oder bald darauf durch Verleihung des Marktrechtes über an-

Siedlungskerne und Marktgründung

Neuer Markt

dere Siedlungen hinausgehoben wurde. Ebenfalls im 10. Jahrhundert haben fremde Kaufleute, Friesen und Flamen, einen „Neuen Markt” im Zuge der ostwärts von der Stiftssiedlung aus führenden Straße angelegt. Dieser „Neumarkt” dehnte sich bald weiter nordwärts bis zu der zweiten Straße aus, die danach ihren Namen erhielt, so dass es nun eine „Alte” und eine „Neue” Marktstraße gab, später abgekürzt als „Altemarkt-” und „Neumarktstraße”.
Um das Jahr 1200 wurde wahrscheinlich in gemeinsamer Initiative des Abtes von Fulda als Grundherr

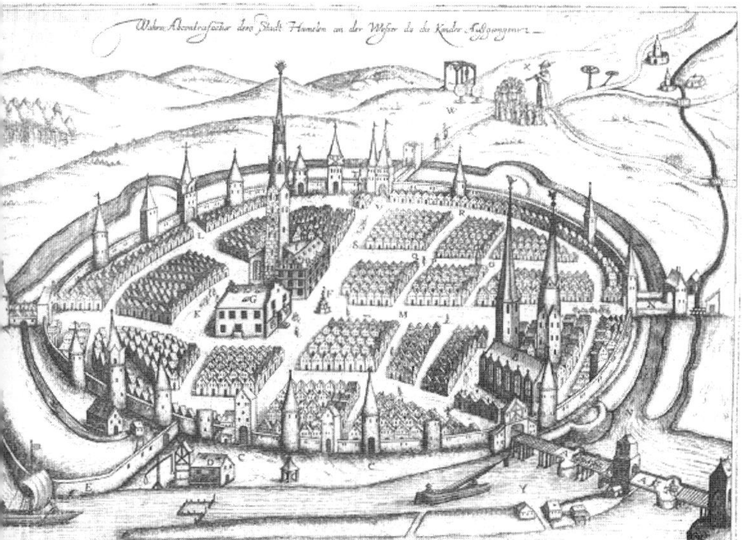

Eine “Wahre Abcontrafactur dero Stat Hamelen an der Weser da die Kinder Außgangenn”, mit ausführlichen lateinischem und deutschem Text versehen, erschien als Flugblatt im Jahre 1622. Im oberen rechten Bildviertel sind “Wundermann und Kinder” unterhalb des Galgenberges dargestellt.

Stadtwerdung

und der Grafen von Everstein als Stadtvögte die verstreute Siedlung zu einer Stadt zusammengefasst. Hameln gehört damit zu den planmäßig gegründeten Städten, die nach festem Plan und vorbestimmter Ordnung angelegt und allmählich mit Bürgern besetzt wurden. Die neue „Stadt”, bereits 1237 als „civitas” bezeichnet, wurde wie üblich mit Mauer und

Die älteste erhalten gebliebene bildliche Darstellung des Kinderauszuges vom Jahre 1284 und der Rattenvernichtung wurde 1592 in Hameln für die Reisechronik des Freiherren Augustin von Mörsperg angefertigt.

Stadtbefestigung

Graben, später mit Wällen umfriedet, aus denen fünf, später dann vier Tore, die man nach den vier Himmelsrichtungen benannte, herausführten. Vor allem erbaute die Bürgerschaft als Sitz des neuen Rates im Scheitelpunkt der Hauptstraßen ein Rathaus, das zugleich mit dem Marktplatz der Mittelpunkt eines von stiftischer Hoheit freien Handels wurde. Eine Stadt- oder Marktkirche, dem Patron der Schiffer und Kaufleute St. Nikolaus gewidmet, erhob sich neben dem Rathaus als Zeichen eines sich rasch entwickelnden Bürgerstolzes und Selbstbewusstseins. Das Ziel war die völlige Emanzipation der Stadt von der geistlichen Hoheit des Stiftes. So sind die nächsten Jahrhunderte von inneren Machtkämpfen zwischen dem Stift und den aufstrebenden Kräften des Bürgertums gekennzeichnet. Nach und nach gingen die ursprünglich dem Stift verliehenen Hoheitsrechte in die Hände des Rates der Stadt über.

Marktkirche

Fulda verkauft Hameln an Minden

Der Bischof von Fulda stimmte deshalb einem Angebot des Bischofs von Minden gern zu, ihm die alten Hoheitsrechte über die Stadt gegen eine Zahlung von 500 Mark Silber zu überlassen. Der Rat der Stadt weigerte sich, diesen Kaufvertrag anzuerkennen und ließ es zu einem Kampf kommen.

Schlacht bei Sedemünder

Diese „Mindener Fehde" wurde am 28. Juli 1260 bei Sedemünder, westlich von Springe, entschieden. Die Hamelner Streitkräfte wurden vernichtend geschlagen und nach Minden in die Gefangenschaft abgeführt.

Nur mit Hilfe des welfischen Herzogs Albert des Großen konnten die Gefangenen befreit und der zwischen Fulda und Minden geschlossene Pakt annulliert werden. Das Ende aber war, dass die Stadt jetzt welfisch wurde; sie bildete den äußersten vorgeschobenen Posten der welfischen Lande nach Westen. Ihre alten Rechte und Freiheiten aber rettete sie in den neuen Zustand hinüber: im Jahre1277 erkannte der Herzog in einer Urkunde ihre Privilegien in aller Form an. Als welfische Landstadt war Hameln mit seinen 2000 bis 2500 Einwohnern eine der „vier großen Städte" der Lande Braunschweig-

Hameln wird welfische Landstadt

Ansicht von Hameln etwa um 1650 aus der "Topographia und Eigentliche Beschreibung Der Vornebsten Stäte Schlösser... und Örter in denen Herzogthümern Braunschweig und Lüneburg..." von Caspar Merian.

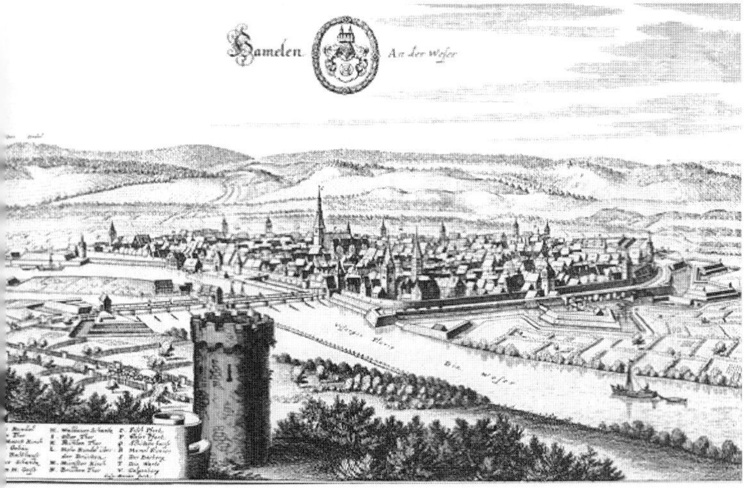

Lüneburg. Von 1426 bis 1572 war Hameln Mitglied der Hanse.

Hameln in der Hanse

In langen Friedensjahren entwickelte sich das städtische Gemeinwesen und der Wohlstand der Bürger in fast ungestörter Folge. Ein äußeres Zeichen dieser Blüte waren neben den beiden, inzwischen zu weiten Hallenkirchen ausgebauten gotischen Gotteshäusern, eine Reihe stattlicher Steinbauten, deren Zahl im Vergleich zu anderen Städten außergewöhnlich groß war und von denen etliche, wenn auch zum Teil verbaut, bis heute erhalten sind. Unter den Fachwerkbauten richteten wiederholt Feuersbrünste große Verheerungen an. So wurden die Baustraße und die Kleine Straße im 16./17. Jahrhundert fast völlig vernichtet und neu aufgebaut.

Feuersbrünste

Den Höhepunkt wirtschaftlicher und kultureller Blüte erreichte die Stadt im 16. Jahrhundert.

Reformation und Renaissance

Streben nach humanistischer Bildung, die Reformation der Kirche und die Übernahme neuer Bauformen sind Merkmale dieses Zeitalters. Die prächtigen Steinbauten und Fachwerkhäuser der Renaissance haben das Gesicht der Altstadt in charakteristischer Weise geprägt und als eindrucksvolle Zeugen jener Hochblüte bis auf den heutigen Tag die Zeiten überdauert.

Dreißigjähriger Krieg

Ein Jahr nachdem das letzte dieser Bauwerke, das Hochzeitshaus, erbaut war, brach der Dreißigjährige Krieg aus, der die Region zwar erst vom Jahre 1623 in unmittelbare Mitleidenschaft zog, aber in dieser Zeit den Wohlstand des Landes zerbrach.

Hameln hat sich von der acht Jahre währenden Besetzung durch feindliche Truppen, auf die eine nicht weniger belastende Einquartierung von Landestruppen folgte, nur sehr langsam erholt. Erst fünfzig Jahre später begann der Wiederaufbau der zerstörten oder unbewohnbar gewordenen Häuser.

Welfische Garnison

Aus der Einquartierung der welfischen Regimenter wurde eine ständige Garnison von etwa 2000 Mann, die zunächst in den Bürgerhäusern, später in den am Weserufer und am Thiewall erbauten „Baraquen" einquartiert wurden. Auf diese Macht gestützt entwickelten die welfischen Landesfürsten ihre Herrschaft zum absoluten Regiment. Ein landesherrlicher Beamter kontrollierte den in seinen Rechten aufs äußerste beschränkten Rat der Stadt.

Wenn sich Stadt und Bürgerschaft diesen veränderten Verhältnissen ohne nennenswerten Widerstand gefügt haben, so lag das sicher daran, dass sich die inzwischen mit der Kurwürde ausgestattete Landesherrschaft den Interessen der Stadt fühlbar annahm. So wurden in den Jahren 1690/91 mehrere hundert Hugenotten auf Kosten des Landes als Kolonisten in der Stadt angesiedelt. Die Regierung übernahm auch nach und nach die für die Stadt untragbaren Lasten des Brückenbaus und legte 1713 die erste Schleuse an. Der Bau der neuen Garnisonkirche schuf ein erstes überzeugendes Denkmal des barocken Stiles in der Stadt.

Hugenotten

Erste Weserschleuse

Siebenjähriger Krieg

Der Siebenjährige Krieg schlug der Stadt, die inzwischen zur stärksten Landesfestung ausgebaut worden war, neue Wunden. Marktkirche und Rathaus wurden in solchem Maße demoliert, dass sie einer gründlichen Erneuerung bedurften. Der Gipfel des Klüts wurde zu einem starken Fort ausgebaut, da der Krieg die Schwäche der Festungsanlagen der Stadt offenbart hatte.

Französische Besetzung

Nach der erzwungenen Abtretung Hannovers an Preußen 1806, griff erneut ein langwieriger Krieg tief in die Geschicke Hamelns ein. Obwohl sich die Stadt bei der ersten Bedrohung durch die französischen Truppen kampflos ergab, ließ Napoleon ihre gesamten Festungswerke schleifen. Nur ein ebener, um die Stadt herumführender Weg blieb nach der Schleifung an von den Wällen übrig.

Stadterweiterung

Die durch sechs Jahrhunderte von Mauern und Bastionen eingeschnürte und damit in ihrer Entwicklung gehinderte Stadt mußte indes noch mehrere Jahrzehnte um das freigewordene Festungsgelände prozessieren, bis dieses endlich 1850 zur Bebauung freigegeben wurde. Von da ab entstand in sprunghafter und weitestgehend ungelenkter Entwicklung rings um die Altstadt und auch jenseits des Flusses eine sich immer weiter erstreckende neue Außenstadt.

19. Jahrhundert

Der in den siebziger Jahren des 19. Jahrhunderts einsetzende Eisenbahnbau hat Hameln neben der bereits bestehenden Flussschifffahrt erheblichen wirtschaftlichen Aufschwung gebracht. Auf 30.000 Einwohner angewachsen, war Hameln längst zur größten Weserstadt zwischen Münden und Minden geworden. 1923 wurde Hameln kreisfreie Stadt.

Kriegszerstörungen

Die Stadt hat durch den Zweiten Weltkrieg nur wenige, zählbare Einzelverluste an öffentlichen Bauten und Wohnhäusern erlitten. Am schmerzlichsten war die Zerstörung des alten Rathauses, dessen erhaltene Mauern abgebrochen wurden, um für den wachsenden Verkehr Raum zu schaffen.

Altstadtsanierung

Im Jahre 1968 fasste der Rat der Stadt, nach teilweise kontroversen Diskussionen in der Öffentlichkeit, den Beschluss, die Altstadt grundlegend zu sanieren. Die Altstadtsanierung dauerte bis zum Jahre 1990 und wurde mit dem Umbau der Pfortmühle zur Stadtbibliothek abgeschlossen. Die Hamelner Altstadtsanierung gilt als vorbildlich und fand auch große internationale Anerkennung.

Sorgfältig sanierte Fachwerkhäuser, wie hier in der Hummenstraße, prägen das Bild der Hamelner Altstadt.

Die Rattenfängersage

Rattenfänger-spiele

Jedes Jahr werden von Mitte Mai bis Mitte September auf der Hochzeitshausterrasse die Rattenfängerspiele und das Musical „Rats" aufgeführt. Über hundert Mitspieler erfreuen dann wieder die Besucher und Einwohner der Stadt mit der Aufführung der berühmten Rattenfängersage:

Rattenfänger-sage

Im Jahre 1284 ließ sich zu Hameln ein wunderlicher Mann sehen. Er hatte einen Rock von vielfarbigem Tuch an und gab sich für einen Rattenfänger aus, indem er versprach, gegen ein gewisses Geld die Stadt von allen Mäusen und Ratten zu befreien.
Die Bürger sagten ihm diesen Lohn zu, und der Rattenfänger zog sein Pfeifchen heraus und pfiff. Da kamen alsbald die Ratten und Mäuse aus allen Häusern hervorgekrochen und sammelten sich um ihn herum. Als er nun meinte, es wäre keine zurück, ging er aus der Stadt hinaus in die Weser; der ganze Haufen folgte ihm nach, stürzte ins Wasser und ertrank.
Als aber die Bürger sich von der Plage befreit sahen, reute sie der versprochene Lohn, und sie verweigerten ihn dem Mann, so dass er verbittert wegging. Am 26. Juni kehrte er jedoch zurück in

Gestalt eines Jägers erschrecklichen Angesichts mit einem roten Hut und ließ, während alle Welt in der Kirche versammelt war, seine Pfeife abermals in den Gassen ertönen. Alsbald kamen diesmal nicht Ratten und Mäuse, sondern Kinder, Knaben und Mägdelein vom vierten Jahre an, in großer Zahl gelaufen. Diese führte er, immer noch spielend, zum Ostertore hinaus in einen Berg, wo er mit ihnen verschwand.
Nur zwei Kinder kehrten zurück, weil sie sich verspätet hatten; von ihnen aber war das eine blind, so dass es den Ort nicht zeigen konnte, das andere stumm, so dass es nichts erzählen konnte. Ein Knäblein war umgekehrt, seinen Rock zu holen, und so dem Unglück entgangen. Einige sagten, die Kinder seien in eine Höhle geführt worden und in Siebenbürgen wieder herausgekommen. Es waren im ganzen 130 Kinder verloren.

(Nach Brüder Grimm „Deutsche Sagen")

Historischer Hintergrund

„Der Rattenfänger von Hameln" gilt als die bekannteste deutsche Sagengestalt in der ganzen Welt. Der Ursprung der Sage ist bis heute nicht endgültig geklärt. Die Version mit dem höchsten Wahrscheinlichkeitsgrad ist die Ostlandbesiedlung (Posen, Westpreußen). Dabei soll durch benachbarte Adlige eine Anwerbung von Hamelner Bürgern zur Besiedlung dieser Gebiete stattgefunden haben. Hauptsächlich die Spiegelberger Grafen, aber auch der Graf von Schaumburg, der in das Gebiet von Olmütz in der heutigen Slowakei zog, werden hauptsächlich genannt.
Dabei geht man von der Tatsache aus, dass Einwohner einer Stadt in der damaligen Zeit oft als „Kinder der Stadt" bezeichnet wurden.
Eine andere Version bezieht sich auf den Auszug der Bürgerwehr zu der unglücklichen Schlacht bei Sedemünder. Die Sage habe den Moment festgehalten, wo die jungen Krieger unter Vorantritt des Stadtpfeifers durch die Bungelosenstraße zum Ostertor hinausmarschiert seien, um zwischen den Hügeln den Blicken der Zurückbleibenden zu entschwinden.

Die Weserrenaissance

Ursprung

Die Ursprünge des Renaissancebaustils liegen außerhalb von Deutschland in Italien und Frankreich.

Im Wesergebiet fand dieser Architekturtypus seine ganz eigene Ausprägung und eine Häufung, die in Deutschland einmalig ist. Das lag einerseits an der recht frühen wirtschaftlichen Blüte dieses Gebietes, zum anderen an der schier unerschöpflich zur Verfügung stehenden Menge des hauptsächlich verwendeten Baustoffes, des Sandsteines. Die Sandsteinbrüche von Obernkirchen und an der Porta Westfalica konnten diesen Rohstoff billig und in bester Qualität liefern. Dabei spielte die Weser als günstiger Transportweg eine außerordentlich wichtige Rolle.

Obernkirchner Sandstein

Im Einzugsgebiet der Weser wurde zwischen 1520 und 1618 eine Renaissancearchitektur heimisch, die eine Reihe von Gemeinsamkeiten aufweist. Diese Stilmerkmale findet man zwar nicht nur im Weserraum, hier wurden sie aber besonders häufig verwendet und miteinander kombiniert.

Stilmerkmale

Zu den charakteristischen äußeren Kennzeichen gehören:

die Betonung der Waagerechten
breites Eingangstor
zweistöckige Erkervorbauten (Utluchten)
Palmettendekor (fächerförmige Ornamente)
verzierte Erkergiebel
Bossensteine
Kerbschnittmusterungen
Zwerchhäuser
Voluten

Baumeister

Die berühmtesten Baumeister der Weserrenaissance waren Jörg Uncair, Cord Tönnies, Everd Wilkening und Johann Hundertosse.
Die Stilmerkmale der Weserrenaissance findet man an fast allen Bautypen, gleichgültig ob es sich um Schlossbauten, Adelssitze, Bürgerhäuser, Rathäuser oder andere öffentliche Bauten handelt.

Halbkreisornamente z.B. Muschelrosette oder Fächerrosette

Beschlagwerk (geometrische Ornamente an Giebeln und Portalen)

Utlucht

Innenräume Die Innenraumgestaltung weist in der Renaissance ein wenig differenziertes Schema auf: selbst großzügig angelegte Bürgerhäuser bestanden im wesentlichen nur aus einer großen Diele, einem rückwärtigen Saal, Küche und einer gelegentlich schon ofenbeheizten Stube.

Im Gegensatz zum heutigen Zustand waren die Bauten der Renaissance oft sehr farbig gefasst und die Bau-Ornamentik kam damit viel stärker zur Geltung, als es heute der Fall ist.

Bauten Die markantesten Bauwerke der Weserrenaissance sind das Rathaus in Hannoversch Münden, das Hexenbürgermeisterhaus in Lemgo, die Hämelschenburg, das Rintelner Rathaus, das Hochzeitshaus, der Rattenkrug und das Rattenfängerhaus in Hameln.

Giebel mit Voluten und Obelisken

Kerbschnitt-Bossenstein

Zwerchhaus (das Dach überragender, quer zum First stehender Aufbau)

Der äußere Ring

Das Ostertor ist einer der Eingänge zum alten Stadtkern, an dem unser Rundgang beginnt. Hier scheiden sich Alt- und Neustadt. Schon ein Blick in die Osterstraße, in der vor allem die rechte Seite mit ihren alten Fachwerkhäusern einen durchaus altertümlichen Eindruck erweckt, macht diesen Gegensatz anschaulich. Seit dem Sommer 1975 ist sie als Fußgängerzone freigegeben.

Osterstraße

Die Grenze zwischen dem alten Stadtkern und der jüngeren Außenstadt bildeten die in einem Dreiviertelkreis um die Altstadt führenden Wälle, von denen heute nur noch die Straßennamen geblieben sind.

1

Garnisonkirche

Rechter Hand des Ostertors steht die Garnisonkirche. Um 1660 war Hameln auf Anordnung des Landesherrn zur Garnison geworden. Zunächst diente die Stadtkirche auch den Mitgliedern der Garnison als Versammlungsort für besondere Feiern. 1670 wurde der Garnisongemeinde die alte Kapelle St. Spiritus - Heiliggeist - eingeräumt, die aber bald schon zu klein war. 1712 wurde deshalb mit dem Bau einer eigenen Garnisonkirche begonnen. Sie war 1713 bereits vollendet. Die neue Garnisonkirche war nur dem Militär und seinen Angehörigen für Taufen, Hochzeiten und für andere Anlässe vorbehalten.

Der Bau, im norddeutschen Barock errichtet, blieb aber dann weitestgehend ungenutzt. 1861 wurde die Kirche, die im Besitz des Kriegsministeriums war, von der Stadt erworben. Heute befindet sich dort die Stadtsparkasse sowohl in den Räumen der ehemaligen Garnisonkirche als auch im bereits 1250 erwähnten ehemaligen Heiliggeistspital. Beide Gebäude sind im Jahr 2001 von der Stadtsparkasse umgebaut worden. Aufgrund der

Grüner Reiter

mit Grünspan überzogenen Kupfereindeckung des Turmdaches wird das Gebäude auch der „Grüne Reiter" genannt.

Unser Rundgang führt uns zunächst durch die

Kastanienwall

Heiliggeiststraße auf den verkehrsreichen Kastanienwall, dem wir in Richtung Rathaus folgen. Auf der linken Seite verliefen seit dem 13. Jahrhundert die alten Stadtmauern, rechts dehnten sich im 17. und 18. Jahrhundert bis auf fast 200 m Breite die gewaltigen Fortifikationen der Landesfestung aus.

2

Wehrtürme

Zwei mittelalterliche Wehrtürme, der eine nach seinem letzten Besitzer Haspelmath-Turm, der zweite Pulverturm genannt, befinden sich heute in städtischem Besitz und sind der Rest von ehemals zweiundzwanzig gleichen Türmen, welche die Stadtmauer schützten. Die Verbindungsmauer zwischen den beiden Türmen wurde 1990-1994 errichtet und soll an die alte Stadtmauer erinnern.

Der Haspelmath-Turm.

Wir verlassen am ersten Turm den Kastanienwall und biegen von der Emmernstraße rechts in die Baustraße ein. Die vom Kastanienwall bis zur Thietorstraße durchführende Baustraße war früher eine der Hauptverkehrsstraßen. Nach einem Brand in der Mitte des 16. Jahrhunderts wurde sie fast vollständig neu aufgebaut. Aus dieser Zeit sind aber nur noch wenige Häuser erhalten.

Baustraße

Etwa in der Mitte der Baustraße erinnert das Haus Nr. 7 mit einer Inschrift an seinen Erbauer Jobst Hundertosse. Jobst Hundertosse stammt aus der Familie des „Meister Johann", dem wir wahrscheinlich Teile des Schlosses Hämelschenburg, das Schloss Bevern, das Münchhausenhaus in Bodenwerder und möglicherweise auch den Plan für das Hochzeitshaus und das Dempterhaus verdanken. Das Haus ist mit seinen reichen Ornamenten auf

3

Baustraße Nr. 7

Baustraße Haus Nr. 7

Baustraße/Ritterstraße Nr. 8

den Balken, sogenannten Beschlagwerkornamenten, ein typisches Beispiel der Spätrenaissance, in der sich die Ornamente der Fachwerkhäuser von den Halbrosetten abwenden und den steinernen Bauten der Weserrenaissance angleichen und soll aus dem Jahr 1607 stammen. Noch ein Wort zu den folgenden Datierungen: Es ist möglich, dass an den Häusern angebrachte Jahreszahlen von der tatsächlichen Entstehungszeit der Bauten abweichen. Für die Erarbeitung dieses Stadtführers wurden die neuesten Erkenntnisse bereits berücksichtigt.
Schon in der Zeit des Barock, 1727, erbaute sich der Schleusenmeister der alten Werderschleuse das

Haus Baustraße Nr. 64, das aber kaum von den Formen des 17. Jahrhunderts abweicht.

4 **Ritterstraße Nr. 8**

Das Eckhaus zur Ritterstraße (Ritterstraße 8) aus dem Jahre 1530 zeigt sich nach einer Restaurierung 1980 weitestgehend in seiner ursprünglichen Gestalt. Die so genannten Boots- oder Schiffskehlen an den vorkragenden Längsbalken sind ein seltenes Beispiel dieser Schmuckform in der Altstadt. Auch die rechts von der Eingangstür geschnitzten gotischen Hängebögen über einem Fenster sind mit ihren Muschelrosetten bemerkenswert.

Thietorstraße

In der Thietorstraße (Nr. 23), der Verlängerung der Baustraße, befindet sich ein 1911 restauriertes Fachwerkhaus mit der Jahreszahl 1504. An den Resten der Ornamente ist erkennbar, dass das Haus nicht aus der Spätgotik, sondern aus der Renaissance, also nach 1540, stammen muss. Die Ziffer 0 ist nachgemalt. Es muss 1554 heißen.

Thiewall

Das letzte Stück des Walles vor der Weser, der Thiewall, bringt uns eine für die Entwicklung der Stadt wichtige Tatsache zum Bewusstsein: durch das hier mündende Thietor gelangte man zu dem Thie- oder Tingplatz des germanischen Urdorfes Hamala.

Der Thiewall ist heute die Auffahrt zur 1975 dem Verkehr übergebenen neuen Weserbrücke.

Es ist eine interessante Tatsache, dass hier, im Raume der alten germanischen Gerichts- und Versammlungsstätte, später das städtische Gericht ge-

Die ehemalige Pfortmühle beherbergt heute die Stadtbibliothek.

halten wurde und vor etwa 100 Jahren abermals ein Gerichtsgebäude errichtet wurde. 1975 kam ein moderner Erweiterungsbau hinzu, in dem das heutige Amtsgericht untergebracht ist.

Amtsgericht

Auf der rechten Seite der Brückenauffahrt, vor dem „Krankenhaus an der Weser", das als Invalidenhaus 1863 erbaut wurde, erinnern Gedenksteine und ein eiserner Anker an die Kriegsopfer Hamelns.

Krankenhaus

Unmittelbar an der Auffahrt zur Brücke befindet sich der Zugang zur Uferpromenade, der wir weseraufwärts folgen. Wir gelangen an den mächtigen Ziegelbau der Pfortmühle. An dieser Stelle stand schon im 14. Jahrhundert die erste städtische Mühle.

5

Pfortmühle

Der jetzige Industriebau wurde in den Jahren 1894/95 an der Stelle der alten städtischen Pfortmühle, die ein Brand zerstört hatte, durch den Unternehmer Friedrich Wilhelm Meyer errichtet. Seit 1912 wurde sie mit elektrischer Energie betrieben, die man mit Hilfe eines großen wassergetriebenen Generators gewann. Sie war eine der ersten industriell ausgerichteten Großmühlen Deutschlands. Teile der Stromerzeugungsanlagen kann man heute noch in der Gaststätte im Erdgeschoss besichtigen. Im Zuge der städtebaulichen Neuordnung von 1967 war ursprünglich ein Abriss des Baus vorgesehen, der aber 1987 in den Beschluss zur Erhaltung und Umbau mündete. 1990 wurde nach aufwendigen Umbauten in der Pfortmühle die Stadtbibliothek eröffnet. Vor der Pfortmühle kann man einen Mäanderfischpass, der den Fischen das Überqueren der Wehre ermöglichen soll, sehen.

Stadtbibliothek

Zwischen dem hier die Weser aufstauenden unteren Wehr und der Mühle war bis Anfang des 18. Jahrhunderts eine Stromschnelle für die Schifffahrt freigelassen, das berüchtigte „Hamelner Loch". Um diese Durchfahrt zu passieren, mussten die zuvor entladenen Schiffe mit Hilfe einer Winde, nach der die Wendenstraße ihren Namen trägt, heraufgewunden bzw. hinuntergelassen werden. Daraus entwickelte sich für die Stadt eine Art von ungeschriebenem Stapelrecht. An dem tiefliegenden Ufer neben der Mühle befand sich der Landeplatz der Schiffer und Fischer, zu dem man durch die obere und untere Fischpforte (Fischpfortenstraße) Zutritt hatte.

„Hamelner Loch"

Neben der Pfortmühle gelangt man auf einer 1999 erbauten Fußgängerbrücke auf eine langgestreckte Insel (Werder), die in Verbindung mit dem Brückenbau zur Parkanlage gestaltet und der Öffentlichkeit zugänglich gemacht wurde. Längs durch das Werder führte die erste, im Jahre 1733/34 angelegte Schleuse, die 1872 durch eine größere ersetzt wurde. Sie wurde vor dem Zweiten Weltkrieg durch den

Werder

Weser-schleusen

Eine grüne Oase am Rande der Altstadt - das Werder.

Bau einer Großschleuse am Westufer des Flusses ergänzt.

Hochwasser-marken

Auf der Weserpromenade, oberhalb der Pfortmühle, ist ein Denkstein mit Hochwassermarken zu sehen.

Wir folgen der Uferpromenade weiter bis zu dem kleinen Platz (Senior-Schläger-Platz), auf den die alte Weserbrücke mündet. Etwa hier wurde schon um 1200 die erste Holzbrücke über die Weser angelegt. Für die Entwicklung der Gesamtsiedlung ist dieser Flussübergang von entscheidender Bedeutung gewesen. Hier trafen sich mehrere alte Handelswege, die gemeinsam mit der Weser als Wasserstraße das Wachstum der Siedlung außerordentlich positiv beeinflussten. Diese günstige Verkehrslage hat nach der Mitte des 9. Jahrhunderts zur Gründung eines Klosters geführt.

Weser-wehr

Weseraufwärts vor der Brücke durchquert ein zweites Wehr die Weser. Vor ihm lagen im Unterwasser früher die Lachsfänge. Die alte „Lachstreppe", die den Lachsen das Überqueren des Wehres stromauf ermöglichen sollte, steht noch mitten im Wehr.

Neben dem Brückenkopf befanden sich, von einer festen Mauer eingefasst, die Gebäude des Stockhofes, welcher von Bürgermeister Domeier im Jahr 1827 als Reformgefängnis gegründet wurde. Bis 1978 wurde der Komplex als Gefängnis genutzt,

6
Stockhof

Der Stockhof, einst Gefängnis, nach aufwendigem Umbau heute ein Vier-Sterne-Hotel.

stand dann einige Jahre leer und wurde 1992-1993 zum Hotel umgebaut.

Ausgangs des Senior-Schläger-Platzes, am Beginn der Papenstraße, können wir noch eine besondere Rarität entdecken. Der weserwärts gelegene Teil des Hauses Nr. 9 trägt noch eine an Privathäusern äußerst selten gewordene Dacheindeckung aus Obernkirchner Sandsteinplatten. Das Haus wurde 1566 auf einem steinernen Untergeschoss mit einem Fachwerkaufbau gebaut und gilt als eines der ältesten Renaissance-Steinhäuser der Stadt. Es ging aus der „Kurie Walthausen" hervor.

7
Papenstr. Nr. 9

Klüt

Fort St. George

Bevor wir den Platz in Richtung Münster verlassen, noch ein Blick zu Hamelns Hausberg, dem 260 m hohen Klüt. Gegen 1760 wurde der Ausbau der Hamelner Festung vervollkommnet. Graf Wilhelm von Bückeburg errichtete auf dem Gipfel des Klüt das Fort St. George. Auf dem Südhang erhoben sich drei übereinander liegende Befestigungen und machten Hameln damit scheinbar uneinnehmbar. Hameln galt als das „Gibraltar des Nordens". Glücklicherweise bewiesen die jeweils führenden Militärs stets mehr Klugheit als Tapferkeit und übergaben die Stadt kampflos ihren Belagerern. So wurde im Dreißigjährigen Krieg 1625, und im Siebenjährigen Krieg 1757, die Stadt ohne Gegenwehr übergeben. Ebenso im Jahr 1803 an Napoleon. Auf dessen Befehl wurden die Forts gemeinsam mit der Stadtbefestigung vollständig geschleift.
Vom Aussichtsturm auf dem Klüt, der 1843 errichtet und 1887 noch einmal aufgestockt wurde, hat man einen großartigen Blick auf Hameln und seine Umgebung.

Papenstraße Nr. 9, eines der ältesten Renaissance-Steinhäuser der Stadt, ging aus der Kurie Walthausen hervor.

Das Münster St. Bonifatius zu Hameln

Wir wenden uns nun zum Münster St. Bonifatius, dessen Entstehung im Ausgang des 9. Jahrhunderts liegt. Von dem alten Klosterbau und seiner Kirche ist nichts erhalten geblieben. An der Stelle der ursprünglichen Holzkirche wurde ca. Ende des 10. Jahrhunderts ein erster frühromanischer Steinbau errichtet. Wie alle größeren Gotteshäuser dieser Zeit wurde auch dieses als kreuzförmige Basilika, dreischiffig und mit flacher Decke versehen, angelegt. Die äußerliche bauliche Entwicklung des Münsters ist am besten von der gegenüberliegenden Straßenseite zu erkennen. Deutlich sichtbar ist noch die ursprüngliche Kreuzform der Anlage. Über dem Schnittpunkt von Lang- und Querschiff erhebt sich der mächtige achteckige Vierungsturm. Galerie und Haube des

8

Ursprung

Turmes sind im Spätbarock erneuert worden. Die Fensteröffnungen mit ihren Rundbögen und den Säulen belegen den romanischen Ursprung des Gesamtbaues. Ganz eindrucksvoll offenbart sich dieser Charakter im Inneren des Gotteshauses. Der älteste Teil des Baues ist die unter dem Hochchor liegende, vom Schiff der Kirche aus zugängliche

Krypta

Crypta Romana. Dieser Name stammt vom ersten Schutzheiligen der Kirche, Romanus. Mit ihren zwei Reihen schlichter romanischer Säulen, die sich in der niedrigeren Zwergkrypta fortsetzen und dem schmucklosen alten Taufstein hat sich der romanische Charakter noch unverfälscht bewahrt. Die so genannte Vorkrypta ist samt der darüberliegenden Kapitelstube ein Ergänzungsbau aus dem 15. Jahrhundert. Das älteste Gotteshaus brannte ab. Das geht aus einer Urkunde vom Jahre 1209 hervor. Dabei wurden viele Kirchenschätze vernichtet. Über den alten Bauteilen wurde in den folgenden Jahrzehnten ein gotischer Neubau errichtet. Diesen Übergangscharakter verrät unter anderem noch der kleine Kapellenanbau, der sich in den Winkel zwischen dem weserseitigen Arm des Querschiffes und der Ostseite des Chores schmiegt

Elisabeth-kapelle

und heute Elisabethkapelle heißt. Mit einiger Mühe kann man unter dem Rundbogenfries und am rechten Pilaster des Querhauses sowie an einem Pilaster der Elisabethkapelle noch vier alte Sonnenuhren (ohne Zeigestab) entdecken.

Der zuerst als dreischiffige gotische Kirche erneuerte Bau wurde in der Folgezeit zu einer gotischen Hallenkirche umgebaut. Bis zum Ausgang des 14. Jahrhunderts hatte damit das Münster seine endgültige Gestalt gefunden, die es in seiner Innenanlage im wesentlichen bis auf den heutigen Tag bewahrt hat. Anders steht es mit seinem äußeren Erscheinungsbild. In der Franzosenzeit, nach 1800, wurde das Münster durch fremdes

Zerstörung und Wiederaufbau

Militär so stark demoliert, dass der Gesamtbau am Ende jener Kriege als halbe Ruine da stand und Gottesdienste nicht mehr abgehalten werden konnten. Für eine Renovierung fehlten zunächst die Mittel. Zwar bemühte sich der volkstümliche Senior Schläger, dem gegenüber des Münsters ein Standbild gewidmet ist, um den Wiederaufbau des von ihm so geliebten Münsters, aber ein im Jahre

1863 begonnener Ausbau kam leider nicht zur Vollendung. Erst in den Jahren 1870 bis 1875 wurde das Münster nach den Plänen des hannoverschen Baurates Hase restauriert. Hase war ein Anhänger der Neogotik und hat vor allem den besonders erneuerungsbedürftigen nördlichen Teil des Münsters in gotisierender Manier neu entstehen lassen. Leider waren während der Jahrzehnte, die das Gotteshaus wüst gelegen hatte, auch die letzten Reste des einstmals reichen Kirchenschatzes entwendet worden. Außer einigen kleinen Geräten ist nur ein aus Messing geschmiedeter dreiarmiger Standleuchter, den das Schusteramt im Jahre 1490 dem Stift verehrt hatte, gerettet. Die noch erhaltenen hölzernen Skulpturen sind in einem Raum des Heimatmuseums ausgestellt. 1976 wurde das Münster letztmalig saniert.

Münsterkirchhof

Der Platz um das Münster, insbesondere in südlicher Richtung, diente einst als einziger Friedhof der Stadt, bis nach dem Siebenjährigen Krieg ein neuer Begräbnisplatz vor dem Ostertore angelegt wurde. Nur der Name „Münsterkirchhof" erinnert heute noch an die einstige Funktion.

Curie Nordmann

Auch von den rings um den Münsterkirchhof liegenden ehemaligen Kurien der einstigen Stiftsherren ist nur noch das aus dem Mittelalter stammende Stiftshaus „Kurie Nordmann", am Durchgang zur Papenstraße (Nr. 6) gelegen, erhalten. Es hat aber durch Umbauten seinen alten

Das Münster bietet im Inneren das typische Bild einer Hallenkirche. Im Untergewölbe kann die alte Krypta aus dem 12. Jahrhundert besichtigt werden.

Der Peststein am Haus Münsterkirchhof 2.

Beginenhof und Haus Bäckerstraße Nr. 36.

gotischen Charakter so total verloren, dass nur noch der Rest einer Inschrift daran erinnert. Vor dem Verlassen des Münsterkirchhofs noch ein Blick auf das Haus Nr. 4: Mit seinem reichen figürlichen Schmuck ist es ein ausgezeichnetes Beispiel für die Architektur der Gründerzeit. (Siehe auch Bäckerstraße 39).Im Durchgang zum Beginenhof ist ein Epitaph aus dem 16. Jahrhundert eingefügt. Er ist dem Gedächtnis einer Catharina Amelung gewidmet, die im Jahre 1566 an der Pest verstarb und wird daher allgemein als Peststein bezeichnet. Wir folgen dem schmalen Fußweg am Beginenhof vorbei zur Bäckerstraße. Beginen waren alleinstehende Frauen, die ohne Ordensgelübde in klösterlicher Gemeinschaft lebten. Später übernahmen die Beginenhöfe mehr und mehr die Funktion eines städtischen Armenhauses. Der Beginenhof wird im Jahre 1343 erstmals erwähnt. Unmittelbar am Ausgang der Beginengasse bildet ein schlichtes Fachwerkhaus (Bäckerstraße 36) aus dem Jahre 1739 mit einem noch älteren Nebenhaus (1559) einen stimmungsvollen Abschluss dieser kleinen Gasse. Wir wenden wir uns jetzt nach rechts und gehen die Bäckerstraße bis zu ihrem Ende am Fußgängertunnel.

9 **Peststein**

10 **Beginenhof**

11 **Bäckerstraße Nr. 36**

Die Bäckerstraße

12 **Bäckerstraße Nr. 31**

Als letztes Haus (Nr. 31) auf der rechten Seite, unmittelbar am Zugang zum Fußgängertunnel, steht ein repräsentatives Bürgerhaus der Renaissancezeit. Der Baubeginn lag in der Spätgotik etwa um 1536, Umbauten in den Jahren 1555 und 1650 haben den einheitlichen Charakter des Hauses nicht verändert. Es ist im Erdgeschoss aus Stein, oben in Fachwerk ausgeführt. In seinem Eingang weist es noch heute die weite Diele auf, die einst vielen „Brauhäusern", den mit Braugerechtigkeit ausgestatteten Häusern der Vollbürger, eigen war.

Hugenottenkirche

Gegenüber, das Haus mit der schlichten klassizistischen Fassade weist an der Front zum Münsterwall noch Reste der originalen Stadtmauer auf. Es war das Amtshaus für zwei hugenottische Pastoren. Links daneben stand ehemals eine hugenottische

Oben links: Bäckerstraße 31; oben rechts: das Pfarrhaus der ehemaligen Hugenottengemeinde, links daneben die 1973 abgerissene Hugenottenkirche von 1699.
Unten links: Bäckerstraße 21; rechts: Bäckerstraße 43.

Kirche, die 1699 für die hier seit 1690 ansässigen Hugenotten erbaut wurde. Da die Kirche nach Auflösung der hugenottischen Gemeinde nicht mehr benutzt wurde, hat man sie 1973 abgerissen.

Rattenfänger-halle

Nach einem Blick auf die Rattenfängerhalle, einer modernen Mehrzweckhalle, die 1988 eingeweiht wurde, wenden wir uns zurück in die Bäckerstraße und gehen in Richtung Marktkirche.

13

Bäckerstraße Nr. 21

Der Eingang zur Alten Marktstraße (Beschreibung Alte Marktstraße siehe Seite 57) wird von zwei reizvollen Fachwerkhäusern flankiert. Das Haus Nr. 21, nach einer Inschrift im Jahre 1555 aufgeführt, gehört nach seiner Anlage noch durchaus der gotischen Zeit an, deren unverkennbare Formen es aufweist. Auf einem rechteckigen Unterbau erhebt sich ein spitzer Giebel. Die Eingangshalle mit ihrem noch in Resten erkennbaren gotisch-spitzgiebeligen Portal ging ursprünglich durch das untere und jetzige erste Obergeschoss hindurch. Die weit vorkragenden oberen Stockwerke werden durch verzierte schräge Stützen, Knaggen genannt, getragen. Zwei Jahre nach dem Dreißigjährigen Krieg wurde schließlich, der Zeitmode entsprechend, der Erkervorbau mit einer den Frieden preisenden Inschrift davorgebaut.

14 **Bäckerstraße Nr. 43**

Schräg gegenüber (Bäckerstraße 43), an der Ecke Blomberger Straße, steht ein schmuckloses, zweistöckiges Steinhaus. Nach einer Inschrift an der oberen Seitenfront wurde es 1516 erbaut. Vermutlich bezieht sich die Jahreszahl aber auf einen Umbau und es lässt sich bis 1381 nachweisen. Es

Bäckerstraße Nr. 44

zeigt, obwohl an der Front teilweise modern verbaut, noch deutlich die Merkmale gotischer Bauweise. Ein heute zugemauertes spitzbogiges Fenster nach der Blomberger Straße zu, der Aufriss des spitzen Giebels und auch die Fensterformen des Giebelraumes weisen durchaus ins Mittelalter. Die auffallend asymmetrische Form des Spitzgiebels ist auf eine Erweiterung und Erhöhung des zweiten Obergeschosses zurückzuführen.

15 **Bäckerstraße Nr. 44**

Das andere Eckhaus (Nr. 44) an dieser Seite, ein Fachwerkbau um 1530 wurde 1550 im Stil der Renaissance modernisiert und von einem Günstling des Herzogs von Calenberg, dem Rentmeister Soliman, bewohnt. Es weist in seiner Anlage zwar

Der Rattenkrug, Bäckerstraße 16

noch spätgotische Züge auf, nach der Form des runden Portals und den reichen Schmuckformen, insbesondere den geschnitzten Halbsonnen, ist es aber als eines der ersten Beispiele unserer Stadt der bereits beginnenden Renaissance zuzuordnen.

Der erste, im Stil der Hochrenaissance ausgeführte Steinbau, ist das schräg gegenüberliegende Gebäude, der so genannte Rattenkrug (Nr. 16). Das Haus wurde 1250 im frühgotischen Stile gegründet. Die rückwärtige Fassade mit ihrem Spitzgiebel und dem prächtigen gotischen Doppelfenster weisen darauf hin. In den Jahren 1568/69 wurde der vordere Teil des Hauses von Cord Tönnies im neuen Stil der Zeit umgebaut. Auf einem quadratischen Unterbau ruht ein in breiten Stufen ansteigender Giebel, dessen einzelne Stufen durch Schmuckelemente ausgefüllt werden.

16
Bäckerstraße 16

Für die Hamelner Form der „Weserrenaissance" sind besonders die schnecken- oder hornartigen Füllungen, Voluten genannt, bezeichnend. Ebenso der an die griechischen Tempel erinnernde Dreiecksgiebel. Zur Charakteristik des Stiles gehören ferner die waagerechten, stark hervortretenden Gesimsbänder, die sich über und unter den Fensterreihen hinziehen und das Gebäude kräftig waagerecht gliedern. Die Renaissance steht damit architektonisch im scharfen Gegensatz zur die Vertikale betonenden Gotik. Damit drückt sich in diesen Bauten im Unterschied zu der Herz und Auge nach „oben" lenkenden Gotik ein stärkeres Gefühl der Diesseitigkeit aus. Es ist nicht zufällig, dass die neue Bauweise fast ausschließlich in weltlichen Bauten, Rathäusern, Schlössern und Bürgerhäusern Anwendung gefunden hat. Ein drittes Charakteristikum ist der sich überall findende schmucke Erkervorbau, dessen Fassade die des Gesamtbaus im Kleinen zu wiederholen scheint. Von den Seitenfenstern des Vorbaues hatte man freien Blick auf die davor liegende Straße, deshalb wurde er auch Utlucht (Auslug) genannt. Obwohl das Haus das erste örtliche Beispiel der voll entwikkelten Renaissance ist, gilt es auch gleichzeitig als vollendetstes Muster der neuen Bauweise. Der seitlich im Jahre 1781 hinzugefügte Torbau fügt sich harmonisch in die alte Bausubstanz ein.

Grimsehl-Haus, Bäckerstr.46.

Nur wenige Schritte weiter in Richtung Marktkirche führen uns vor die Löwenapotheke. Dabei können wir links noch einen Blick auf die Häuser Nr. 46 und 48 werfen.

17
Bäckerstraße Nr. 46

Nr. 46 wird nach seinem ehemaligen Besitzer auch „Grimsehl-Haus" genannt. Laut Inschrift wurde es 1710 von Hans Heinrich Grimsehl erbaut. Es gibt eine Haus-Sage, nach der die Magd eines Morgens in der Herdasche Goldstücke gefunden haben soll - angeblich verwandelte Kohlenglut aus einer Zwergenschmiede. Das Haus wurde 1951 renoviert und mit den dekorativen Sgraffiti versehen. Außer ornamentalem Schmuck gibt es vier größere Flächen mit bildlichen Darstellungen: rechts neben dem Giebelfenster ist die Magd zu sehen, wie sie das Gold in der Herdasche findet, links ist der Hausherr Grimsehl bei der Grundsteinlegung dargestellt. Das Haus war bis 1840 im Besitz der Fa-

Die Löwen-apotheke, Bäckerstr. 12.

milie Grimsehl. Die Darstellung rechts unter dem Giebelbalken erinnert an den Weinhändler Hanstein, der das Haus danach erwarb. Links in gleicher Höhe ist Hans Georg Heinrich Grimsehl, Bürgermeister von 1801 bis 1810, zu sehen.

Haus Nr. 48 ist eines der wenigen Häuser in Hamelns Altstadt mit Jugendstildekor.

18 **Bäckerstraße Nr. 12**

Die Löwenapotheke (Haus Nr. 12), ein mittelalterlicher Steinbau, gibt sich ohne weiteres als eine Schöpfung der frühen Gotik zu erkennen. Davon zeugen im hohen Giebel die typischen gotischen Bogenfenster. Auch dieser Steinbau ist nachträglich, wie Form und Anordnung der Fensteröffnungen der Giebelseite zeigen, seitlich nach der Neuen Marktstraße erweitert worden.

(Beschreibung Neue Marktstraße siehe Seite 60)

Der auffallendste Schmuck ist der wohl bei der Erweiterung in der äußersten Giebelspitze eingefügte Stern. Frühere Vermutungen, dass der Stern in Verbindung mit dem ehemaligen Namen der Gasse (Judengasse) als Davidstern zu deuten wäre, erwiesen sich als falsch.

Hier verlassen wir die Bäckerstraße, die so reizvoll sie als Geschäftsstraße auch sein mag, bis zum Markt keine weiteren baugeschichtlich wichtigen Häuser mehr aufweist.

Wendenstraße

Die Wendenstraße, erhielt ihren Namen von einer Schiffswinde, mit deren Hilfe die Schiffe die Stromschnellen im Bereich der heutigen Pfortmühle passieren mussten. Sie hat sich ihren altertümlichen Charakter fast unversehrt bewahrt.

19

Wendenstraße Nr. 8

Von den vielen mit schönen Schnitzereien dekorierten Häusern fällt besonders linker Hand der stattli-

Das Lücking'sche Haus mit seinen prachtvollen Schnitzereien.

Kupferschmiedestraße 13 außen und innen.

che Fachwerkbau Nr. 8, das Lücking'sche Haus, auf. Das Haus wurde im Jahre 1638, also noch während des Dreißigjährigen Krieges, erbaut. Das sorgfältig restaurierte Bürgerhaus stellt mit seinen Inschriften, dem reichen ornamentalen Schmuck, seinem unversehrten hohen Portal und der durch Zurücklegung des Eingangs vorgetäuschten zwei Utluchten ein Paradebeispiel der schmuck- und farbenfrohen Übergangsphase zum Frühbarock dar.

Am Ende der Wendenstraße treffen wir an der Ecke zur Kupferschmiedestraße (Nr. 13) auf ein weiteres, mit reichem Schnitzwerk versehenes Fachwerkhaus, das Bürgerhus.

20 **Kupferschmiedestraße Nr. 13**

Das 1560 gebaute Haus beeindruckt vor allem durch seine prächtige Bemalung und Schnitzereien mit den typischen Ornamenten der Weserrenaissance. Bemerkenswert ist der Eckvorbau, aus dem man beide Straßen übersehen kann. Das Haus wurde 1987/88 aufwendig restauriert.

Wir folgen der kurzen Kupferschmiedestraße bis zur Fischpfortenstraße.

Stubenstraße

An der Ecke zur Stubenstraße (Nr. 6) erinnert eine Gaststätte „Zur Badewanne" daran, dass sich hier einst die Badestuben der Stadt befunden haben. Auch der Name der Stubenstraße ist aus dieser Tatsache abgeleitet.

Das Haus Nr. 26 in der Fischpfortenstraße ist ein gotischer Saalanbau auf einem steinernen Sockel.

Detail des Hauses Fischpfortenstraße Nr. 18.

In dem Fachwerkhaus vorn rechts weilte Wilhelm Busch im Jahre 1853 als Gast.

In einem Keller unterhalb des Sockels sind noch gotische Kreuzrippengewölbe erhalten.

21 Fischpfortenstraße Nr. 11

In Richtung Bäckerstraße, auf der linken Seite, erhebt sich ein interessanter dreistöckiger Fachwerkbau (Nr. 11), der unserer Beachtung wert ist. In der Anlage noch stark gotisch bestimmt, weist doch sein reicher Schmuck unverkennbar in die Blütezeit der Renaissance. In diesem Haus hat der große Maler und Poet Wilhelm Busch als Gast geweilt.

Adam und Eva

Auf der gegenüberliegenden Seite ist am Haus Nr. 20 im ersten Stock eine Bildhauerarbeit, „Adam und Eva unter dem Paradiesbaum", als letzter Rest eines hier vorher stehenden alten Fachwerkhauses angebracht.

Himmelreich

Am Ausgang der Straße, vor dem rechten Eckhaus, zweigte früher eine Sackgasse, das „Himmelreich", ab. Hier soll nach einer mittelalterlichen Ortssage ein Basilisk drei Männer, die eine Grube ausschachteten, durch seinen giftigen Atem und verderblichen Blick getötet haben. Die einstige Sackgasse ist noch heute an der Lücke zwischen den beiden ersten

22 Fischpfortenstraße Nr. 18

Häusern zu erkennen. So weist das alte Fachwerkhaus Nr. 18 mit seiner Schauseite nicht in die Fischpfortenstraße, sondern in die ehemalige Sackgasse. Erbaut wurde es 1561, in der gleichen Zeit ist vermutlich auch das Haus Nr. 11 erbaut worden.

Wir erreichen jetzt wieder die Bäckerstraße und wenden uns nach links dem Markt zu.

Am Markt

Bevor wir uns der den Markt beherrschenden Gebäudegruppe des Hochzeitshauses und der Marktkirche zuwenden, betrachten wir noch zwei Häuser an der gegenüberliegenden Seite.

Am Markt 4 sehen wir ein im Jahr 1743 im Barockstil verkleidetes Doppelhaus mit sehr schönen Fenstergesimsen. Es war wohl ursprünglich ein Fachwerkbau der Renaissance, der dem Zeitgeschmack angepasst wurde. Seit dem Ende des 18. Jahrhunderts Sitz des Stadtkommandanten, hat es viele bedeutende Gäste beherbergt, bis es 1830 Gesellschaftshaus des Klubs „Zur Harmonie" wurde. Diesem Zweck hat es über 100 Jahre gedient, bis es in den Besitz der Sparkasse Weserbergland überging.

23 **Am Markt 4**

Das Haus "Am Markt" Nr. 4 war lange Zeit das Haus des Stadtkommandanten.

24
Hochzeitshaus

Gegenüber steht ein Meisterstück der Weserrenaissance, das Hochzeitshaus.
In den Jahren 1610 bis 1617 errichtete die städtische Selbstverwaltung in Hameln für ihre Bürgerschaft den mächtigen Festsaalbau, heute „Hochzeitshaus" genannt. Der Baumeister war wahrscheinlich Eberhard Wilkening. Der Renaissancebau zeichnet sich durch machtvolle Geschlossenheit mit hohen Volutengiebeln an den Stirnseiten und drei stattlichen Zwerchhäusern im Dachaufbau an der Traufenseite zur Osterstraße aus. Unter diesen reich verzierten Giebeln befanden sich ursprünglich die Eingänge zu einer Weinhandlung, der Ratswaage und zu einer Apotheke. Besitzer dieser Ratsapotheke war Friedrich Wilhelm Sertürner, der das Morphium entdeckte.

Friedrich Wilhelm Sertürner

Der Steinbau ist ganz aus Quadern erbaut und mit reichem ornamentalen Schmuck versehen. Reihen von Bossensteinen mit unterschiedlichen Kerbschnittmustern wechseln mit unverzierten Hausteinen ab. Am Bau zieht sich über dem Erdgeschoss ein breites mit vier Inschriften und einem Stadtwappen versehenes Schmuckband rings um das auch sonst kräftig horizontal gegliederte Bauwerk. An der Ostwand befand sich ursprünglich ein durch zwei Geschosse gehender Erkerausbau.

Ein Meisterstück der Weserrenaissance ist das Hochzeitshaus.

Von dem zwischen Marktkirche und Hochzeitshaus liegendem „Lüttgen Markt" führte eine heute gleichfalls abgerissene Freitreppe zu dem zwei Stockwerk hohen Festsaal im östlichen Teil des Baues.

Figurenumlauf und Glockenspiel

Im Jahr 1964 wurde das Figurenumlauf- und Glokkenspiel eingeweiht. Täglich 13.05 Uhr, 15.35 Uhr und 17.35 Uhr wird das Figurenspiel der Rattenfängersage mit musikalischer Begleitung gezeigt.

Bäckerscharren

Die drei Steintafeln unterhalb des Glockenspiels erinnern seit 1979 an den alten Bäckerscharren, an dem sie einst als Schmuck angebracht waren. Mit dem Abriss des alten Rathauses bestand keine Möglichkeit mehr, den historischen Verkaufsstand der Bäckerinnung zu erhalten.

Rattenfängerspiele

Auf der Terrasse vor dem Hochzeitshaus finden in der Zeit von Mitte Mai bis Ende September jeden Sonntag von 12.00 Uhr bis etwa 12.30 Uhr die

Diese Aufnahme aus dem Jahr 1940 zeigt den Markt in seiner ursprünglichen Gestalt vor der Zerstörung des alten Rathauses.
Deutlich zu erkennen ist auch der Bäckerscharren zwischen Rathaus und Hochzeitshaus.

Rattenfängerspiele statt. Etwa 80 Laiendarsteller spielen in historischen Kostümen die Rattenfängersage nach.

25

Marktkirche St. Nicolai

Die Grundsteinlegung für die Marktkirche St. Nicolai wird auf etwa 1200 datiert. Die ursprünglich im gotischen Stil erbaute Kirche wurde mehrfach durch Kriegseinwirkungen zerstört, zuletzt im Jahre 1945. Durch Artilleriebeschuss brannte der Kirchturm aus. Der brennende Turmhelm stürzte dabei auf das Rathaus, das sich an der Stelle der heutigen Hochzeitshausterrasse befand, und setzte auch das Rathaus in Brand. Mit dem rund 800 Jahre alten Gotteshaus verbrannte auch die gesamte wertvolle Inneneinrichtung.
1957 begann man mit dem Wiederaufbau, und am 6. Dezember 1959 konnte die Marktkirche wieder eingeweiht werden. Das wertvolle Relief-Fragment links vom Hauptportal stellt Jesus als Weltrichter dar und wurde bei den Wiederaufbauarbeiten gefunden. Der schlanke hohe Turm, der die Silhouette der Stadt mit bestimmt, trägt als Wetterfahne ein Schiff, denn St. Nicolai ist unter anderem der Schutzheilige der Seefahrer.

Das Dempterhaus.

Der Marktkirche gegenüber, Am Markt 7, steht das so genannte Dempterhaus. Es stellt nach seiner Bauweise etwas Besonderes dar: es ist nur im Sockel aus Steinquadern, im zweiten Obergeschoss und im Giebelfeld aus Fachwerk gebaut. Mit dem Baujahr 1607 gehört es bereits der zweiten Periode der Renaissance an. Die immer wieder wechselnden, als Beschlagwerkmuster ausgeführten Ornamente in den zahlreichen Holzplatten verleihen diesem Haus seinen besonderen Reiz. Es wurde erbaut von Tobias Dempter, nach dem holländischen Ort Deventer genannt, aus dem sein Vater stammte.

26
Am Markt 7, Dempterhaus

Da in Hameln Zeugnisse barocker Bauweise relativ selten sind, ist das Haus Pferdemarkt 1 von 1700 noch erwähnenswert.

Pferdemarkt Nr. 1

Wenn wir die Marktkirche weiter umrunden, ge-

Pferdemarkt Nr. 10

langen wir auf den Teil des Platzes, der „Pferdemarkt" genannt wird. Hier soll im Mittelalter ein Platz für ritterliche Turniere gewesen sein.

27
Pferdemarkt Nr. 10

Am Pferdemarkt Nr. 10 erhebt sich eines der ältesten Fachwerkhäuser der Stadt, ein noch aus der Gotik (etwa von 1500) stammender Fachwerkbau. Der am Tragbalken im ersten Stockwerk eingeschnittene Treppenfries wurde in anderen niedersächsischen Städten sehr häufig als Schmuck verwendet, ist aber in Hameln nur an diesem Haus vertreten. Das Haus wurde um 1548 in die Emmernstraße hinein um eine Hausbreite erweitert. Dieser Anbau trägt reichen Bild- und Wortschmuck, darunter auch ein Zeichen des Zimmermannes. Beide Häuser sind nach fast hoffnungslosem Verfall im Jahr 1952 durch Privatinitiative so hervorragend renoviert worden, dass sie als vorbildliches Beispiel gelten können.

Am Eckhaus zur Osterstraße Nr. 3 war in der Hauswand ein berühmter Denkstein eingelassen, der jetzt auf der gegenüberliegenden Straßenseite an der Kirchenwand zu finden ist, obwohl sein Anlass in dieses Haus gehört. Es ist der so genannte Siebenlingestein. Sein Original wird heute im Museum auf der Osterstraße aufbewahrt. Ursprünglich ein echter Grabstein auf dem Münsterkirchhof, wurde er 1818 von dem damaligen Besitzer des Hauses hierher versetzt. In diesem Hause war es, dass am 9. Januar 1600 dem Bürger und Ratsherren Thiele Römer Siebenlinge geboren wurden, die jedoch bald verstarben.

28

Siebenlingestein

Der Siebenlingestein an der Rückwand der Marktkirche.

Die Osterstraße

Wir wenden uns nun nach links und betreten die Osterstraße, die als eine der schönsten Straßen Norddeutschlands gilt. Mit ihren der Straße zugewandten Giebeln macht sie trotz der modernen Einbauten einen fast unversehrt gebliebenen altstädtischen Eindruck.

29
Osterstraße Nr. 8 Stiftsherrenhaus

Zu den Perlen alter Baukunst gehört das zweifellos künstlerisch wertvollste Fachwerkhaus Hamelns, das so genannte Stiftsherrenhaus (Haus Nr. 8). 1556 bis 1558 wurde es für den Ratsherrn Friedrich Poppendiek erbaut. Schon nach seiner Lage kann es niemals eine echte Stiftskurie gewesen sein. Dass es von einem Fürsten seinem Patenkind geschenkt sei, ist gleichfalls legendär. Dennoch ist es durchaus möglich, dass der Namensteil „Stift" auf ein Geschenk bzw. eine Stiftung zurückzuführen ist. Im Anfang des 19. Jahrhunderts sprang aus dem Traufendach noch ein vier Fenster breiter Erker vor.

Stiftsherrenhaus und Leisthaus (im Vordergrund) sind die Glanzstücke der Osterstraße. Die beiden miteinander verbundenen Häuser beherbergen das Hamelner Museum.

Im Zeitalter der Weserrenaissance errichtet, erinnert es mit seinen weit vorkragenden Obergeschossen noch stark an die gotische Bauweise. Doch die als Halbsonnen gedeuteten Muschelverzierungen sind ein charakteristisches Ornament der Weserrenaissance. Das weitaus Wertvollste sind aber die

Figuren der Knaggen, von denen jede einzelne ein kleines Kunstwerk ist. Neben einigen weltlichen Motiven – einem Bild des Erbauers in Junkerntracht, des Kaisers Justinian, dem Meistertrunk des Baumeisters – stellen die Bilder in der Mehrzahl bib-

Figurenknaggen am Stiftsherrenhaus
Obere Reihe: der Bauherr, die Apostel Jakobus d.Ä. und Philippus, Kaiser Justinian.
Untere Reihe: Kain ermordet Abel, Simson erwürgt den Löwen, Samuel salbt David, Joab ersticht Abner.

lische Gestalten und Szenen dar. Die sieben Figuren der obersten Reihe verkörpern die alten Planetengottheiten. Bemerkenswert sind auch die phantastischen Maskenköpfe an den Balkenenden der oberen Geschosse.

Details aus der Fassade des Leisthauses.

Eine Erneuerung der Fassade in den letzten Jahren hat die Schönheit des Bildschmuckes zu voller Geltung gebracht.

30
Osterstraße Nr.9 Leisthaus

Zwischen den Jahren 1585 und 1589 wurde für den Kaufmann Gerhard Leist das daneben stehende schmuckvolle Haus (Nr. 9) im Stile der Weserrenaissance errichtet. Als Baumeister wird Cord Tönnies genannt.

Trotz der strengen architektonischen Struktur ist alles freier, ausgewogener und gelöster als bisher. Hier erst kommen alle Formenelemente mit leichter Grazie zu rhythmischem Zusammenspiel. Die breite zweistöckige Auslucht gliedert sich durch die durchlaufenden Gesimse harmonisch in die Gesamtarchitektur ein. Der mit Zahnschnittfriesen, Rundbogenreihen und dorischen Pilastern reich geschmückte Erker wird von einer vollplastischen Lukretia unter einer Hängemuschel gekrönt. Der humanistisch gebildete Bauherr hat die antike Gestalt wahrscheinlich als Allegorie bürgerlicher Tugend vor sein Haus gestellt. Der Giebel des Hauses ist mit Obelisken und Kugeln verziert. Auch ein so genannter Neidkopf, der zum Abschrecken der bösen Geister dienen soll, befindet sich im obersten Teil des Giebels. 1977 wurde es im Zuge der Altstadtsanierung restauriert. Zusammen mit dem durch einen Brückenbau verbundenen Stiftsherrenhaus beherbergt es das Museum Hameln, in dem neben Sonderausstellungen Sammlungen zur

Museum

Dokumentation der Rattenfängersage, Stadtgeschichte und Kunsthandwerk zu sehen sind.
Etwas älter als das für die Patrizierfamilie Leist erbaute Gebäude ist das im Jahre 1576 entstan-

Osterstraße Nr. 12

Ein attraktiver Blickfang ist der zum 150jährigen Bestehen der Dewezet gestiftete Rattenfängerbrunnen.

31
Osterstraße Nr.12

dene Steinhaus Osterstraße 12. Bis auf die Füllungen in den Giebelstufen weist es keinen weiteren Schmuck auf. Zu erkennen sind wieder die angebauten Utluchten, von denen leider die Aufsätze entfernt wurden. Auch ein Neidkopf wie am Museum schaut aus dem obersten Giebelfeld.

32
Osterstraße Nr.15-16

Auf der gleichen Seite fällt das ehemalige Postamt (Nr. 15-16) schon durch seine Dimensionen aus dem Rahmen. Das Haus wurde 1894 durch den Hannoveraner Architekten Hubert Stier im Stil des Historismus erbaut. Das Bemühen des Architekten, Stilelemente der Weserrenaissance aufzunehmen, um das Gebäude einigermaßen in die bauliche Substanz der Straße einzufügen, ist unverkennbar. Seit seiner Renovierung 1987/88 ist hier die „Deister- und Weserzeitung“, eine der ältesten Tageszeitungen Deutschlands, untergebracht. In der

Das ehemalige Postamt, Osterstraße 15-16, ist heute Sitz der Deister- und Weserzeitung.

linken Tordurchfahrt sind noch einige Malereien im Stil der Zeit, die auf die eigentliche Funktion des Gebäudes als Postamt hinweisen, zu sehen.

33

Osterstraße Nr. 18

Auf gleicher Seite steht Haus Nr. 18, nach einer ehemaligen Gaststätte umgangssprachlich „Halber Mond” genannt. Es wurde 1577 als durchgängiges Ständerhaus mit spitzem Giebel erbaut. Um 1700 erfolgte der Anbau der rechten Utlucht, im 19. Jahrhundert Anbau der linken Utlucht und Veränderung des Daches zum Walmdach. 1988 wurde das Haus restauriert und Fachwerk und Schnitzereien wieder freigelegt.

Das Haus Nr. 18, der "Halbe Mond" .

Das berühmteste aller historischen Steinhäuser ist das am Endpunkt unseres Rundganges gelegene Rattenfängerhaus. Das Rattenfängerhaus trägt

34

Osterstraße Nr. 28 Rattenfängerhaus

seinen Namen auf Grund einer Inschrift vom Kinderauszug, die oben an der rechten Seitenfront angebracht wurde:

*„ANNO 1284 AM DAGE JOHANNIS
ET PAULI WAR DER 26. JUNII
DORCH EINEN PIPER MIT ALLERLEI
FARVE BEKLEDET GEWESEN
CXXX KINDER VERLEDET BINNEN
HAMELEN GEBO(RE)N
TO CALVARIE BI DEN KOPPEN
VERLOREN."*

Bungelosenstraße

Die kleine Gasse, in der diese Inschrift zu sehen ist, heißt Bungelosenstraße (Trommel-lose). Trommelschlag und jede andere Musik mussten beim Durchgang durch die Straße schweigen. Dieser Trauerbrauch wird schon seit dem 16. Jahrhundert mit dem Auszug der Hamelner Kinder in Verbindung gebracht und hat den Anstoß gegeben, gerade an diesem Haus die alte Inschrift anzubringen.
Erbaut wurde das Haus von 1602 bis 1603 für den Ratsherren Hermann Arends als dreigeschossiges Bürgerhaus im Stile der Weserrenaissance. Es zählt zu den berühmtesten der alten Steinhäuser in Hameln.
Gut ausgeprägt sind auch hier die Merkmale, die für die Weserrenaissance typisch sind: breites Eingangsportal, die Betonung der Waagerechten, Verzierungen des Giebels mit Säulen und Voluten und der zweistöckige Erkervorbau, die Utlucht. Ein großer Saal im Inneren und die mit Schmuckwerk überzogene Fassade deuten auf bewusste Repräsentation hin. Die gesamte Front ist mit einer Vielzahl kleinteiliger Ornamente des Spätstils der Weserrenaissance überzogen, dass eine Unterscheidung von architektonisch bedingten Bauteilen und schmückendem Beiwerk kaum noch möglich ist. Die Utlucht hat anscheinend die des Leisthauses zum Vorbild, jedoch ohne Giebel. In ihrer Brüstung befinden sich Wappen wie an den Utluchten der Adelsschlösser.
1982 wurden die aufwendigen Sanierungsarbeiten an diesem Gebäude abgeschlossen.

Die stillen Gassen außerhalb des Rundganges

Auf unserem Rundgang haben wir den größten Teil der Kulturdenkmäler der Hamelner Altstadt kennen gelernt. Nicht alle bedeutenden Bauten Hamelns liegen auf dem beschriebenem Rundgang und es lohnt sich auf jeden Fall, einen Abstecher in die angrenzenden Gassen zu machen. Gerade hier, ein wenig abseits vom geschäftigen Getriebe der Fußgängerzonen, hat sich vielleicht der romantische Reiz der alten Stadt am deutlichsten erhalten.
Diese Orte können nicht als Rundgang beschrieben werden, sind aber alle in der unmittelbaren Nähe des Rundweges gelegen und können als Abstecher von dort aus aufgesucht werden.

Alte Marktstraße

Von der Bäckerstraße in Höhe Haus Nr. 21 zweigt die Alte Marktstraße ab. Das kurze Stück bis zum Kopmanshof zeigt eine fast unversehrte traufseitige Straßenfront von Fachwerkhäusern.

Rechts an der Ecke zum Kopmanshof ist ein stattlicher Bau zu sehen, dessen Gefache mit Klinkern ausgefüllt sind: die Kurie Jerusalem. Aus der Form des Baukörpers ist zu erkennen, dass es sich hierbei um einen ehemaligen Speicher aus der Zeit um 1553 handelt. Er gehörte zu einem der Stiftshäuser des ehemaligen Hamelner Klosters.

35 **Alte Marktstraße Nr. 20**

Der ehemalige Speicher der Kurie Jerusalem wurde zum Kinderspielhaus umgebaut.

1977 wurde das Gebäude renoviert und dabei mit dem viergiebeligen kleinen Vorbau versehen. Es dient heute als Kinderspielhaus.

Am Haus Nr. 28 fällt ein figürlicher Schmuck auf, links ein drohender Drachen und ein Medusenhaupt, rechts eine Jagdszene.

36
Alte Marktstr. Nr. 16

Das Fachwerkhaus Nr.16 von 1553 zeichnet sich durch eine Reihe vielgestaltiger Varianten des bekannten Muschelornamentes aus, die in dieser Verschiedenartigkeit selten anzutreffen sind. Ein überzeugendes Beispiel für den Formensinn und die Erfindungsgabe der damaligen Bauhandwerker.

37
Alte Marktstr. Nr. 34

In der damaligen typischen Bauweise mit durchgehender Diele, großem Dielentor und Utlucht wurde 1740 auch Haus Nr. 34 gebaut.

Alte Marktstraße
oben: Haus Nr. 16, unten links: Haus Nr. 34
unten rechts: Haus Nr. 9.

Alte Marktstraße oben: der Redenhof, unten links: Haus Nr. 2, unten rechts: Haus Nr. 46.

Kurz bevor sich die Straße nach links fortsetzt steht das Haus Nr. 9. Es wurde im Jahre 1541 gebaut, der 1619 vorgebaute Erker ist mit dem Namen und Wappen seines Erbauers Albrecht Ebel und seiner Frau geschmückt.

38 **Alte Marktstr. Nr. 9**

Rechts, am Anfang der Großehofstraße, steht der Redenhof, der 1568 erweitert wurde. Es ist der letzte in der Altstadt erhaltene Adelshof.

39 **Redenhof**

Auf dem letzten Stück der Alten Marktstraße stehen die sorgfältig restaurierten Fachwerkhäuser Nr. 2, 8 und 46. Nr. 46 verfügt noch über den alten Aufzug zum Speicher, Nr. 2 wurde 1731 gebaut und 1978 renoviert. Nr. 8 stammt aus dem Jahr 1557.

40 **Alte Marktstr. Nr. 2, 8 und 46**

Neue Marktstraße

Die parallel zur Alten Marktstraße laufende Neue Marktstraße zweigt neben der Löwenapotheke von der Bäckerstraße ab.

41 Neue Marktstraße Nr. 13

An der Ecke Hummenstraße steht das einzige bürgerliche barocke Steinhaus (Nr. 13). Eine Gedenktafel weist darauf hin, dass in diesem Haus die Juden Hamelns in den Jahren 1941 bis 1943 zwangsweise einquartiert waren, bevor sie deportiert wurden. Von den ehemaligen Insassen hat keiner überlebt.

42 Neue Marktstraße Nr. 21

Das Haus Nr. 21 wurde vor dem Zweiten Weltkrieg unter Benutzung seines alten Gebälkes und Schnitzwerkes von Grund auf neu aufgebaut. Die porträtartigen Köpfe zu beiden Seiten des Torbogens stellen vermutlich den Erbauer und seine Frau dar.

43 44 Neue Marktstraße Nr. 23 und Nr. 11

Haus Nr. 23 wurde 1583 erbaut, 1988 restauriert und zeichnet sich durch das für diese Hausgröße ungewöhnlich stämmige Balkenwerk aus.

Etwas jünger ist das Haus Nr. 11. Es entstand etwa um 1800 und hat als eines der ersten Häuser statt der üblichen Diele einen Hausflur mit Haustür.

Neue Markstraße
Häuser Nr. 13, 21, 11 und 23 (im Uhrzeigersinn).

Kleine Straße/Hummenstraße

Von der Osterstraße zweigt die Kleine Straße ab, die sich als Hummenstraße nach der Kreuzung mit der Neuen Marktstraße fortsetzt. Gerade dieser Straßenzug mit seinen kleinen Geschäften und urigen Gaststätten strahlt ein besonderes Flair aus und wird alle Romantiker begeistern.
Insbesondere die Kleine Straße war durch die so genannte Flächensanierung der sechziger Jahre, die einen weiträumigen Abriss der alten Häusersubstanz vorsah, akut bedroht. Heute gilt sie als ein Musterbeispiel behutsamer Objektsanierung, die hinter ihren historischen Fassaden moderne Wohnqualität bietet.

Großes Bild: Kleine Straße mit ihren malerischen Häusern, kleines Bild: die Hummenstraße.

Großehofstraße

Großer Hof

Die Großehofstraße mit ihren typischen kleinen Büdnerhäusern bietet abseits der betriebsamen Geschäftsstraßen die unverfälschte Idylle einer altertümlichen kleinstädtischen Gasse. In einer Karte von 1761 wurde sie, wohl wegen ihrer Enge, kurioserweise noch als „Arskerve" bezeichnet. Ihren jetzigen Namen erhielt sie nach dem "Großen Hof" des ehemaligen Stadtvogtes, der sich hier zwischen dem Redenhof und dem Ostertorwall anschloss.

Ein Platz für Romantiker ist die stille Großehofstraße.

Kurzausflüge rund um Hameln

Hameln hat nicht nur eine malerische Innenstadt, sondern auch interessante Ausflugsmöglichkeiten in der unmittelbaren Umgebung.
Für Hamelnbesucher, die länger als einen Tag in der Weserstadt bleiben, bieten sich im Radius von ungefähr 25 Kilometern reizvolle Ausflugsziele an, die man auch größtenteils bequem mit dem Rad auf ausgeschilderten Radwegen erreichen kann.

Hämelschenburg

Folgt man von Hameln auf der B 83 der Ausschilderung Bad Pyrmont, gelangt man zu dem unmittelbar an der Straße stehenden Schloss Hämelschenburg. Die Vorläufer des heutigen Schlosses werden 1405 erstmalig urkundlich erwähnt. 1437 erhalten es die Freiherren von Klencke als Lehen vom Herzog von Braunschweig. Seit dieser Zeit ist es bis zum heutigen Tage in ununterbrochenem Familienbesitz. 1588 beginnt der Neubau des Schlosses, von dem vermutet wird, dass sowohl Cord Tönnies als auch Johann Hundertosse daran beteiligt waren. Hämelschenburg gilt als einer der Höhepunkte der Weserrenaissance. Das Innere des Schlosses kann besichtigt werden. Auskünfte über Öffnungszeiten erteilt die Touristinformation Hameln.

Schloss Pyrmont

Von Hämelschenburg sind es nur wenige Kilometer bis in das schön gelegene Bad Pyrmont. Neben seinen heilkräftigen Quellen hat Bad Pyrmont eine Vielzahl an Sehenswürdigkeiten zu bieten. Nicht nur Berlin hat eine Museumsinsel, auch das Pyrmonter Museum ist auf einer Insel im Schloss untergebracht.

Ab 1526 bauten die Grafen von Spiegelberg aus Coppenbrügge die erste Festung, die von einer breiten Graft umgeben ist. Im Dreißigjährigen Krieg wird die für uneinnehmbar gehaltene Festung durch den Grafen von Pappenheim in zehnmonatiger Belagerung eher ausgehungert als erobert. Ab 1706 wird die militärisch bedeutungslos gewordene Festung durch die Grafen von Waldeck zur Sommerresidenz umgebaut.

Stift Fischbeck

Von Hameln die B 83 nur wenige Kilometer weserabwärts existiert das Stift Fischbeck schon seit über 1000 Jahren. König Otto I. schenkte einer entfernten Verwandten Karls des Großen, Helmburgis, den Grundbesitz an der Weser. Helmburgis gründete im

Oben: Schloss Hämelschenburg.
Unten: Schloss und Festung Pyrmont, hier befindet sich das Stadtmuseum.

Den berühmten Fischbecker Wandteppich kann man im über tausendjährigen Stift besichtigen.

Jahr 955 das Kanonissenstift Fischbeck. Die Gründungsurkunde wird noch heute im Stift aufbewahrt. Die Kanonissen, die auch heute noch das Stift bewohnen, waren ursprünglich Damen aus adligen Familien, die keine Gelübde abzulegen brauchten und auch jederzeit das Stift verlassen konnten. Ihre Aufgabe bestand in der Ausübung von Werken christlicher Nächstenliebe im unmittelbaren Umkreis des Stiftes.
Das Stift bewahrt einen wertvollen Wandteppich von 1538 auf. Darin ist die Gründungsgeschichte in Bildern dargestellt.
Das Stift kann nach Voranmeldung besichtigt werden. Auskünfte erteilt Touristinformation Hameln.

Hohenstein im Süntel

Folgt man der B 83 vom Stift weiter nach Norden bis zum Abzweig Unsen, gelangt man zum Süntel. Das Gebiet des Hohensteins ist neben dem Harz das

Großes Bild: Burg Schaumburg,
kleines Bild: der Hohenstein im Süntel.

größte und interessanteste Felsmassiv Norddeutschlands. Von der Teufelskanzel und vom Hirschsprung hat man einen herrlichen Blick in das Wesertal. Von hier aus kann man auf ausgeschilderten Wanderwegen beliebte Ausflugsziele erreichen.

Die Schaumburg

Ebenfalls an der B 83, etwa 4 km nach Hessisch Oldendorf, sieht man den 225 m hohen Nesselberg, auf dem etwa 1100 bis 1115 die Schaumburg errichtet wurde. Die Grafen von Schaumburg bewohnten sie bis etwa 1500, dann wurde sie Sitz des Amtes Schaumburg. Im 19. Jahrhundert begann die Burg zu verfallen. 1907 schenkte Kaiser Wilhelm II.

die Ruine seinem Vetter, dem Fürsten Georg Wilhelm zu Schaumburg-Lippe zur Silberhochzeit. In den Jahren 1907 bis 1913 wurde sie wieder aufgebaut. Heute befindet sich eine Gaststätte darin, die Türme können besichtigt werden.

Schloss Schwöbber

Zum Schloss Schwöbber fährt man auf der B 1 in Richtung Paderborn etwa 10 km bis Groß Berkel und biegt dann rechts Richtung Extertal ab. Nach einigen Kilometern sieht man linker Hand Schloss Schwöbber. Hier ließ Hilmar von Münchhausen ab 1570 den Baumeister Cord Tönnies den Mittelbau des Schlosses errichten. Sein Sohn Hilmar der Jüngere ließ 1588 den Torflügel und 1602 den Teichflügel hinzufügen. Die drei Flügel sind durch Treppentürme miteinander verbunden.
Das Schloss befindet sich in Privatbesitz und kann nur von außen besichtigt werden.

Schloss Schwöbber.

Quellen:
Börsch, Manfred: Aus Hamelns Vergangenheit, I und II
Hameln 1987 und 1991
Brasse, Gabriele: Straße der Weserrenaissance,
1991, Hameln
Garfs, Joachim: Das Weserbergland zwischen Münden und
Minden, 4.Aufl., 1997, Hameln
Hansen, Wilhelm: Fachwerk im Weserraum, 1980,
Hameln
Humburg, Norbert: Der Rattenfänger von Hameln,
2. Aufl., 1990, Hameln
Kater,Hermann: Hamelner Altstadtsanierung,
1989, Hameln
Kreft, Herbert: Die Weserrenaissance, 6.Aufl.,
1964, Hameln
Rein, Helmut: Hamelner Fachwerk im 16. Jahrhundert
1993, Hameln
Seifert, Fritz (Hrsg.): Hameln/Die alte Rattenfängerstadt an der
Weser 1953, Hameln
Spanuth, Heinrich: Spanuth's Führer durch die Rattenfänger-
stadt Hameln, 8. Aufl. 1994, Hameln
Stein, Erwin: Monographien deutscher Städte, Bd. 33,
Hameln die Rattenfängerstadt im Weserbergland
1929, Berlin

Fotonachweis:
Waldeck: Seite 14, 25, 29, 42,
Hildebrand: Seite 20, 21 (2), 24, 26, 30, 31 (2), 33 (3), 34 (2), 35, 36, 38,
39, 46, 47, 51, 52, 53 (2), 58 (3), 59 (2), 60 (4), 61 (2), 71
Kirmes: Seite 13, 26, 32, 40, 45, 48, 52, 55, 59, 62, 67 (2),
Bürgerhus:Seite 39
Verlag: Seite 5, 9, 16, 19, 22, 27 (2), 37, 40, 41, 43, 44, 49, 50 (8), 56, 57,
63, 65 (2), 68

Umschlaggestaltung, Layout und Karte: W. Mende

Personen- und Stichwortverzeichnis

Inhaltsverzeichnis